AF282899

1

UN MUNDO DE IDEAS PARA UN ECONOMISTA

Autor: Sergio Eduardo Brook

DATOS REGISTRABLES

Título: Un mundo de ideas para un economista
Autor: Sergio Eduardo Brook
2025 – Todos los derechos reservados
ISBN 978-84-685-8745-5

Agradezco al público en general a toda la gente que colaboró con su granito de arena, económico que me permitió crear esta obra.

ÍNDICE:

INTRODUCCIÓN

La obra es un conjunto de ideas para mejorar el estándar de vida de la población. Por muchos años he notado que hay una pelea a muerte entre la izquierda y la derecha. Gana la derecha, la presidencia dura unos diez años y después gana la izquierda. Al ver esto que es un círculo que nunca termina y llegue a la siguiente conclusión:

"Lo social no puede tener un fin de lucro y lo comercial no puede ser social"

"Hay que mirar los propósitos de los emprendimientos, si son sociales o comerciales, ese el punto más importante porque a partir de ahí se podrá dar una respuesta a la sociedad que está siendo perjudicada por la guerra entre la izquierda y la derecha"

Como introducción detallo una obra literaria denominada "El amor entre la izquierda y la derecha" -

Después, hay un sinfín de medidas para iluminar las imaginaciones de los economistas con el fin de que el material les sirva para crear nuevas e ingeniosas medidas económicas para la sociedad.

Por supuesto, todas las medidas son utópicas, no se pueden llevar a cabo, pero si es una base para que los economistas tomen algunos aspectos y fundamentos para crear nuevos productos económicos.

La medida más importante, es la toma de base monetaria para el valor de la moneda local, con dos tipos de reservas, una local y otra extranjera. De esta manera se amplia el nivel de compra de la población de un país y esto suple parte de la pobreza que tiene un país. La derecha le da un buen o razonable estándar de vida al 65% de la población y hay un 35% que se margina. La idea es llegar al casi 100% de la población con un estándar de vida razonable.

EL AMOR ENTRE LA IZQUIERDA Y LA DERECHA - TOPACIO

Levantó la bandera de la izquierda, se convirtió en un gobierno donde su personalidad busca la autosuperación, el bienestar, la paz que se representa por la piedra de Topacio y el medio para llegar es un barco con pasión de amor, que representa a nuestro país, pero a mitad camino, del viaje, se le apareció, la Vida y le dijo:

—Si quieres llegar a tu topacio, tira la carga y cree en la derecha—. Y ante semejante obra o acción:

—Pensó: ¨en no seguir abogacía¨, ¨no va a girar a la derecha¨, ¨no pleitear y prefirió hundir el barco metafóricamente hablando antes de entregar la bandera de su ideología¨. No llegó a su topacio y prefirió ser un zurdo contrariado.

Y al hacer esto su barco quedo a la deriva, pero el amor de su vida, la Derecha en un gesto de pasión, porque ella si lo amaba a lo grande, tomó el timón, alzo la velas y le dijo:

—Yo voy a llegar a tu topacio, que también será el mío, en medio de una tormenta amorosa, encaró contra fuertes vientos y olas inmensas, de diálogos insensatos, donde un núcleo de coherencia llamó a la calma. Había sentido en sus vidas y se puso rumbo firme hacia el topacio—.

Pero a mitad camino, la Vida, como si fuera un Dios, se apareció y le dijo, personalmente a ella:

—Si quieres llegar al topacio de él y el tuyo con tu personalidad gobernante, tira la carga de la derecha y levanta la ideología de la izquierda.

Ante semejante dolor, brotó su furia académica que la llevó a tomar la decisión de hundir el barco, metafóricamente.

Y se dijo a sí misma:
—Es mentira que la salida queda al fondo a la derecha—.

Había que negociar, fue cuando la derecha y la izquierda se ensamblaron en un amor eterno, la Derecha bien humana, podríamos decir que ya no era una potrilla, sino una mujer madura, miro a su padrillo, bien humano también, dándole a entender, que había oferta y demanda, que el fin de lucro estaba vivo y clamaba por él, pero el padrillo que no quiso ser menos, levanto las banderas de lo particular, un buen respeto por lo humano, un mundo donde la codicia no entra, era el fin, del fin de lucro, pero también entendió que tenía un valor capitalista, donde la vida es un número contable, donde el trabajador es un capital de trabajo y no un ser humano.

Ambos se perdieron en un universo amorosamente económico. La

Izquierda y la Derecha se alinearon, tan perfectamente que eran un sólo centro, que, en un gemir, donde las palabras, pasaron de agudas y graves a esdrújula, era un cara cara, que se unía con lo opuesto que había tomado vida, que tenía bases y principios diferentes.

Era conciso y acabado, dos personalidades, que habían llegado a su contrapuesto, su reverso, su sombra que nadie puede alcanzar, en la cual vieron su destino, una meta, un lugar o una convivencia mutua, pero, tenían que elegir un camino a conjugar, ¨la anarquía¨ o ¨el topacio¨, todo depende de la entrega de pasión y sus sentimientos porque si el padrillo levanta las banderas de la izquierda y humanamente escribe con la derecha o bien su corazón bombea de izquierda a derecha, la cosa se pone brava.

La derecha es dueña de los sentimientos que viven en lo profundo del corazón y estos latirán al compás de una melodía de libertad y el libre mercado.

El acuerdo entre ambos lados se llamará clave de sol, que abrirá un pentagrama de una melodía que conjugará el fin de lucro para los que comulgan ese mismo fin y el fin social, para los que están fuera de ese fin de lucro, esto será el principio de ¨Topacio¨.

Capítulo I

LEY TITULAR, LEY SUPLENTE, LEY CRUZADA.

Nota: este proyecto es fundamental para que las medidas económicas sean evaluadas y consideradas por el congreso.

Cuando se sanciona una ley, por decir un ejemplo como la ley de patentamientos de autos, o bien el sistema que deberá regir para hacer un proceso simple la compra de un auto, evitando trámites burocráticos. Tomó este caso como modo de ejemplo: si se sanciona la ley, queda vigente. Generalmente los partidos políticos, se hacen la vida imposible dentro del congreso, por un sinfín de razones políticas, socio económicas, sociales y de ideales. Esto lleva a que no se dé quorum en los recintos de diputados o senadores. El punto que nos lleva este programa de Ley Titular y Ley Suplente es buscar que haya un entendimiento entre los integrantes del recinto.

La ley titular, es la que tiene la mayoría y la ley suplente es la le sigue en votos que no puede ser igual a la titular. Esto nos lleva que en el recinto de diputados se tratan dos proyectos de ley, uno que va a ser titular y otro suplente. La ley que va a quedar en vigencia será la titular por un periodo de tres años, después una comisión la revisará y si este todo ok, porque la sociedad lo demuestra al no objetarla. (cuando escribo sociedad, es el mercado, la gente, las cámaras, las instituciones públicas y privadas, etc..) la ley titular sigue vigente, caso contrario, será reemplazada por la ley suplente, que puede ser retocada, pero no mucho, de manera que este actualizada a los cambios de época.

El quorum es obligatorio, porque al no presentarse el quorum para la ley titular, esta se considera aceptada. Cada diputado o senador tiene el derecho a decidir si está presente o no en la sesión, pero no estar, significa que apoya al proyecto oficial presentado. El no presentarse es perder el derecho a la pelea. Pero podemos decir que no todo este perdido, si la ley titular sancionada no funciona, automáticamente, entra en vigor la ley suplente que fue votada por los partidos de la oposición oficialista.

Nadie es dueño de la verdad y por eso hay dos proyectos, si la ley titular no funciona, el segundo proyecto o sea la ley suplente se accionará.

Esto molesta al oficialismo de turno, pero no tiene que molestar, porque si un partido político está seguro de que va por el camino correcto, le da por hecho que, aunque la bancada opositora presente un proyecto suplente, nunca lo va a usar.

Este sistema le da la posibilidad a la bancada de menor fuerza, tener la posibilidad de ser escuchado en el recinto, de mostrarle al pueblo que no está solo, que, si la ley titular es perversa, la ley suplente remediara la cuestión presentándose una salida a los tres años de haber sido sancionada, la ley titular.

También se puede llegar a tener una ley cruzada, en ese caso la ley titular y la ley suplente, quedan fuera de contexto, es porque la ley cruzada es una mix entre las dos leyes apoyado por las dos partes políticas o por las mayorías, que deben tener el 75% de la bancada total de diputados. Las mismas normas que se utilizan para diputados, tienen que ser para los senadores.

Conclusión: toda ley emitida por el congreso debe tener una ley suplente que debe ser propuesta por la parte opositora y no se puede aprobar una ley sin una ley suplente, o se aprueban las dos o ninguna de las dos entra en vigor. Salvo que exista una ley cruzada. De esta manera el congreso es más participativo y lo importante es que nadie se crea dueño de la verdad. La primera ley puede ser buenísima o no, eso no lo sabemos, lo que si sabemos que tenemos dos proyectos y que la ley titular necesita tener mayoría para ser aprobada y la ley suplente deberá tener la segunda mayoría para poder tener el cargo de ley suplente, sino no salen ninguna de las dos leyes. Si la ley suplente, entra en vigor cuando se renovaron las cámaras, con nuevos diputados o senadores, no importa, aunque haya otros proyectos, la ley suplente, no se puede mover por dos años después de que haya caído la ley titular, salvo que el 75% de los diputados del recinto objeten la ley y se abre un nuevo camino para hacer una ley nueva.

Capítulo II

DOLARIZAR LA BANCA Y DEJAR LOS PESOS EN EL MERCADO

El sistema bancario, tomará pesos, ósea aceptará pesos y los guardará, pero en su contabilidad los pasará a dólares, en el extracto bancario del cliente le figuraran dólares, pero cuando el cliente del banco va a retirar el dinero, el banco le entregará pesos. Si bien el banco contabiliza el dinero en pesos como dólares, lo que se guarda son pesos y se devuelven pesos, pero mientras estén en el banco son dólares.

De donde es sacada esta idea: Sale del negocio de almacén, un almacén tiene un paquete de arroz (mercadería) a valor dólar, el comerciante compró la mercadería con pesos, y le dio un valor dólar, lo vende a valor dólar, pero nadie se lo paga con dólares, se lo pagan con pesos, o sea al comerciante le entran pesos y entrega el paquete de arroz (no entrega dólares), entrega mercadería. Con el banco pasa lo mismo uno deposita pesos y esos pesos son puestos a valor dólar, se contabilizan como dólares como si fueran una mercadería (un paquete de fideos), pero son pesos y cuando el ahorrista retira el dinero recibe pesos y no tuvo necesidad de ir a buscar dólares al mercado negro, por lo expuesto el banco no cobra la diferencia de cambio.

La moneda oficial es el peso en nuestra República.

En la calle solo hay pesos, no se puede comprar dólares libremente, se debe comprar en los bancos donde se descontará el IVA. Comprar dólares en la calle lleva una pena de 5 años de prisión no excarcelable, por apoyar el narcotráfico, tanto para la compra como el que vende.

Los turistas deben comprar los pesos en los bancos donde le descontaran el 21% - el IVA por adelantado.

En la calle solo circula pesos, no se puede hacer operaciones de compra con dólares. Se vende en pesos, se va al banco y se convierte en dólares.

Los créditos son en cuotas fijas solamente, en dólares, el crédito figura en dólares en la contabilidad del banco y el pago del monto crediticio será en pesos. La cuota del préstamo se pagará en pesos y el banco lo convierte a dólares. Y el monto que nos presta el banco es en pesos, pero su contabilidad va a en dólares.

No se cobrará comisión por tipo de cambio, dado que toda esta operatividad generará un impulso a las recaudaciones bancarias. Los bancos no los cobrarán tanto para pequeños ahorristas o grandes empresas. Ahora si se va a hacer una transacción con el extranjero, el banco va a aplicar el sistema vendedor/comprador de cambio de moneda.

El banco podrá tomar pesos dentro de los fondos de seguridad y hacer un plazo fijó con el banco central a tasa preferencial dado que el dólar puede subir y va a necesitar responder por esa suba de cotización, esto va a afectar a los pesos stockeados en forma de dólares. Porque los fondos de los bancos van a hacer depósitos en pesos, pasados a dólares, en calidad de mercadería.

La tasa de interés debe ser fija para los créditos bancarios, será la tasa dólar banco nación y con el tiempo se desarrollará líneas de créditos tomando nuestros activos fijos y pasándolos a liquido (cash) de manera que los bancos mayoristas tengan competencia y los bancos minoristas puedan decidir qué línea de crédito mayorista tomaran. (Este sistema todavía no está vigente), pero con el tiempo vendrá.

El banco minorista, tomará la deuda con el banco mayorista en dólares.

Todo tipo de crédito que se dé, en esta forma, no podrá tener más de 15 años de duración y a medida que pase el tiempo, se ira restringiendo el plazo. Dado que el sistema que se propone tiene un tiempo de nacimiento, un tiempo de vida y un tiempo de muerte. Como tiene un tiempo de muerte el banco debe reducir su línea de crédito cerca de ese tiempo, dado que el sistema va a cambiar

Tener doble moneda es muy bueno, porque hay dos mundos económicos en el planeta, el mundo internacional con sus reglas y el mundo local. Si se dolariza totalmente, el país pierde su identidad o su personalidad como institución. Pasa a tomar una personalidad prestada, que puede ser muy buena y efectiva, pero es prestada. No es nuestra personalidad. La moneda representa la personalidad de un país. Si se la toma prestada, lo lógico es que se dé una fecha de inicio y una fecha de salida. Para poder volver a la moneda original que tenía el país.

Tener la banca dolarizada, ósea dos monedas, permite que se pueda emitir en la moneda local, sin generar inflación, siempre y cuando dicha emisión se coloque en cédulas hipotecarias que engrosen la reserva federal. (Para decirlo más explícito en compras de terrenos para proyectos de viviendas)

Conclusión:

La moneda de los banqueros es el dólar, al tener dolarizado sus activos líquidos se le abrirán más puertas crediticias y mejores tasas, con los bancos mayoristas y, por otra parte, no se toca la personalidad del país, dado que la moneda que rige en el mercado es el peso, en la calle las transacciones son en pesos y los ahorristas no buscaran pasar sus ahorros a dólares porque al bancarizarlos automáticamente pasan a ser dólares. Esto traerá tranquilidad al mercado y un resguardo seguro. Si un ahorrista necesita los dólares para hacer una compra en el extranjero o irse de viaje. El banco le cobrara el dólar vendedor/comprador. Pero si el ahorrista necesita tener un lugar seguro donde guardar su dinero, no necesita comprar dólares, los coloca en el banco y por proceso automático, pasan a ser dólares, aunque sean pesos los que deposita y nunca se convertirán en dólar billete, siempre serán pesos, salvo que efectué una transacción con el extranjero, en ese caso se le aplicara el dólar vendedor/dólar comprador.

Capítulo III

EL VALOR DE LOS PRODUCTOS TIENE QUE SER FIJO EN TODO EL TERRITORIO ARGENTINO -

El fin es que el precio para los que hacen patria en la frontera abone el mismo precio de los que viven en Buenos Aires, esto es buscar un federalismo justo para todos.

La mercadería (en lo que alimentos se refiere) debe tener un precio fijo anual en dólares, los precios se cambian a fin de año, el 31/12/2024. – En el producto figura el precio de venta en dólares, si bien la facturación del producto es en pesos, se llega a la siguiente ecuación, se toma el precio en dólares y se lo multiplica por el precio blue del mes – todo mes tiene un dólar oficial y un dólar blue fijo.

En el precio de venta del producto en dólares, el fabricante tiene que calcular el porcentaje del mayorista/minorista y el transporte por kilómetro.

El estado les dará a los empresarios unas tablas de cálculo para el transporte, será un importe por kilómetro promedio y el cálculo de la ganancia del mayorista y minorista, quedará a cargo del fabricante.

El fabricante tendrá que descontarle a la factura de venta la nota de crédito. Que el mismo tendrá que emitirse para que sea pueda contabilizar.

El comerciante mayorista tendrá que descontarse en el pago al fabricante el transporte y la ganancia mayorista, con una nota de crédito por el lote de productos que compró y le quedará al mayorista, el costo de la mercadería, su ganancia y la ganancia del minorista que después cuando venda el producto se la tendrá que descontar. El comerciante comprador minorista tendrá que descontar de la factura con una nota de crédito su ganancia del pago al comerciante mayorista. Pero si deberá abonar el transporte local del negocio mayorista al minorista, o bien tendrá que asumir el costo el, si va a buscar el producto.

Una vez fijado el precio del producto en dólares en el envase, no se pueden subir, si el fabricante sube los precios de sus productos durante el año, el comerciante tiene que respetar el precio original y debe descontarse la pérdida de sus ganancias del pago de sus impuestos e informar al ente recaudador que va a descontar ese importe porque el proveedor subió los precios y el ente recaudador, le caerá con todos los cañones al emisor del aumento.

Es de vital importancia que el precio del producto alimenticio este en dólares (blue), incluido el flete y los márgenes mayoristas y minoristas. Esto va a cambiar la forma de comercializar el producto, de acuerdo con el siguiente detalle:

Una empresa va a notar que, al llegar a lugares periféricos del país, los costos de sus productos van a subir localmente, porque los costos de cercano alcance van a sostener los costos de largo alcance y la pregunta que se va a hacer la empresa es si debe descentralizar la producción en varios sectores geográficos del país. Eso va a variar de empresa en empresa y de los productos alimenticios que produzcan. A modo de ejemplo una empresa láctea que reside en la Provincia de Buenos Aires puede establecer una empresa en Chubut para la Patagonia, o en Mendoza para la zona de cuyo, o en Tucumán para el Noa o en Entre Ríos para la Mesopotamia. O tal vez no lo haga, pero si es muy posible que la medida descentralice la operatoria en Buenos Aires.

Conclusión:

Lo más importante es que el precio sea igual en todo el país y que se amortice el costo del flete y, por otra parte, un punto importante es que el comerciante no puede subir el precio, porque si sube los precios le cierran el negocio. Si puede absorber ese aumento del fabricante con la herramienta económica de mantener el precio viejo y descontar la pérdida que sufre con el pago del impuesto al valor agregado, de esta manera el ente recaudador toma conocimiento de que un fabricante o distribuidor subió los precios y procede a neutralizarlo con una multa que tendrá el valor de lo ganado por el aumento, más un plus por haber infringido la ley.

Capítulo IV

EL PESO TOMA VALOR A TRAVES DE DOS RESERVAS FEDERALES.

La operatoria del peso argentino, es de 24 horas al día, durante los 365 días del año y el valor es establecido por una cotización que se basa en la reserva federal que tiene el país.

La idea es partir el valor de la moneda en dos, de manera que en una franja horaria el valor del peso tenga una cotización y en otra franja horaria para determinada emisión monetaria tenga otro. Para ello hay que ordenar el sistema de oferta y demanda. Especialmente poner énfasis en los procesos de las transacciones comerciales.

Es de vital importancia que los bancos centrales del país de donde se toma la moneda tengan un acuerdo sobre los horarios que se establecerán para la comercialización. Se deben tener dos franjas una positiva que es la relación entre el peso y la reserva federal de la Argentina y la franja negativa que es la reserva federal del país que se elija para compartir la moneda.

La moneda que se elija debe ser idéntica a la moneda que operan los bancos. En este caso es el dólar, pero cada país puede elegir la moneda que le plazca. El país elegido será del hemisferio del planeta que tenga un horario contrario a nuestro país. Cuanto más opuesto sea el horario mayor será la franja horaria negativa para compartir la moneda extranjera.

En el caso de Argentina es de vital importancia que el valor final de los productos esté en dólares. De esa manera con el cambio de valor del peso, se puede operar con la misma moneda.

El precio del producto no cambia, es siempre el mismo, porque está en dólares. Lo que cambia es la capacidad de compra del peso. El peso va a tener el valor a dólar blue como lo tiene corrientemente, en la franja horaria positiva (la franja que establece el banco central) y en la franja negativa tendrá un valor de acorde a la reserva federal del país que se elija. Por su puesto, si la reserva federal del país extranjero es mayor, el peso va a tomar una capacidad de compra mayor y de esa manera se aumentará la adquisición de productos locales por parte del público de nuestro país y se incrementará el patrimonio familiar y estatal dado que los impuestos de dichas adquisiciones van a terminar en el ente recaudador del nuestro país.

No sé si podrá hacer esto, pero si se llegará hacer, sería una muy buena herramienta para liquidar la pobreza.

La idea es ampliar el margen de compra en distintos horarios, haciendo jugar diferentes reservas monetarias y teniendo el precio del producto congelado en dólares en este caso.

Tener el precio de los productos en dólares y además contar con una herramienta fiscal para que ítems a comercializar no suban de precio, le da una gran mano al sistema de tomar dos reservas como parámetro del valor de la moneda.

El sistema sería una importación de dinero, que será tomado como mercadería y entrará en vigor cuando este en el mercado. Es una emisión de dinero extranjero que sería introducido como mercadería y no generaría inflación. Siempre y cuando la importación de dinero se efectúe en forma de goteo.

Insertar otra reserva para aumentar la capacidad de compra en un horario que no se choque con la operatoria monetaria del país, es el principio para terminar con la pobreza en países con menores recursos.

Este sistema es una buena mano a países donde la pobreza es extrema o países que están pasando por grandes problemas económicos o de gran endeudamiento con el extranjero. Los países que son potencia no deben implementar este proyecto, si deben ayudar con sus reservas a países de menores recursos. El punto es que el sistema es bueno, pero al establecer un precio fijo de venta minorista y mayorista, va en contra de la libertad de mercado, por dicha razón sólo se debe aplicar cuando estamos en escenarios de pobreza y se deba hacer un stop temporal a la libre competencia, hasta que se recupere la economía. Se le debe decir al comerciante que los precios vienen tabulados pero que el flujo de venta de mercaderías va a hacer mayor al que tenia antes.

Los bancos tienen que operar con la moneda del país elegido y en el mercado debe haber dos monedas. El peso en la calle y los bancos deben estar dolarizados. A esto se le agrega que los precios de los productos deben tener el valor en dólares en el producto, para que el mismo no sufra aumentos por el consumo masivo que se puede dar. Por eso es muy importante que se desarrolle este proceso, el sistema de goteo. Por otra parte, la implementación de un sistema de tal magnitud hará que suban los precios con el sólo hecho de que se dé la noticia. Esto puede ser desarticulado si previamente se congela los precios en dólares y después se pasa a dar la apertura del nuevo sistema.

Capítulo V

EL BANCO COMO AGENTE DE RETENCION DEL IMPUESTO AL VALOR AGREGADO

Por año el ente recaudador, tiene serios dolores de cabeza para perseguir a los evasores. Es de vital importancia para este sistema que el ente recaudador presente en el congreso una prueba fundamental, con argumentos sólidos y pruebas fehacientes que el nivel de evasión del Impuesto al valor agregado en la República Argentina es muy alta y dada la situación se podría decir que hay una picardía por parte del pueblo contra el ente recaudador. O bien se puede decir que el gobierno de turno también hace una picardía con una lluvia de impuestos, hacia el pueblo. ¿Quién tiene razón? Ambos, pero no es la intención de este trabajo de tratar al pueblo o al fisco como un picardista, sino que se trata de dar un argumento al fisco para que pueda implementar una política fiscal diferente, más actualizada y de mejor calidad, por eso se solicita dolarizar la banca de manera que el pueblo pueda cambiar sus pesos por dólares, sin que tenga quita por diferencia de cambio, vendedor o comprador y que el ente recaudador, recaude el impuesto correspondiente. El banco se convierte en agente de retención del impuesto, todo dinero que se deposita en pesos se pasa a dólares y se le descuenta el valor del impuesto al valor agregado, no importa que sea un ahorro, una donación. No importa si es una fundación que no paga impuesto. Todos, absolutamente todos, pagan impuesto. El banco descuenta el valor del impuesto al valor agregado que figure en la planilla mensual. Cuando se va a hacer una compra, se factura el impuesto, pero no se cobra, porque ya el banco cobro el impuesto por adelantado. Cuando la empresa tiene recuperar parte del dinero debitado por el banco, tendrá que facturar para recobrar con el impuesto. Se contrapondrán el crédito contra el débito.

Si en el país se pagará el impuesto al valor agregado como corresponde, el país tendría un encuadre impuestarío diferente en donde habría superávit. Para el fisco toda persona que tiene dinero en el banco, por la razón que sea, es responsable inscripto, pero si una persona está en relación de dependencia y tiene dinero en el banco o bien la empresa le depósito dinero en el banco, para el fisco, esa persona tiene doble función, responsable inscripto y relación de dependencia. El empleado puede de esa manera emprender un negocio, aparte de la relación de dependencia que tiene con su empleador. En la actualidad una persona en relación de dependencia no puede conjugar el Crédito con el Débito, de sus impuestos. Es consumidor final y paga el impuesto, pero este sistema lo habilita para que en su tiempo libre el consumidor tenga la posibilidad de generar una entrada extra y esa entrada, no solo le brinda un dinero extra, sino que le amortiza parte del IVA que viene abonando como consumidor final.

Que sea responsable inscripto junto con relación de dependencia, no significa que su empleador quede liberado de las cargas que le exige el estado por la contratación de personal. Pero si el empleado se vuelve un emprendedor, empieza a migrar de la empresa y eso fortalece a la empresa en función de no usar la herramienta económica del retiro voluntario. O bien también esta herramienta puede ser el empuje para que el emprendedor siga solo su camino comercial.

Este sistema es para que una persona que hace un trabajo mecánico, empiece a pensar de a poco como un emprendedor y eso el día de mañana puede ser su actividad principal.

No existe el monotributo, solo en casos especiales, donde las personas necesitan hacer un aporte al ente de retiro por la jubilación. Todo el mundo que tenga plata en el banco es responsable inscripto, incluso los jubilados, o los empleados en relación de dependencia. Porque todo el pueblo tiene derecho a descontar el impuesto al valor agregado y no ser un consumidor final, siempre y cuando genere un acto comercial y tenga una cuenta bancaria.

Ejemplo: Si un trabajador trabaja ocho horas y cuando llega a su casa, en la misma fabrica medias con un taller propio que tiene, puede vender las mismas, sin abonar el monotributo, cuando vende, factura con el facturero del ente recaudador o con su factura propia, dicha factura, será con impuesto al valor agregado discriminado y le servirá para la conjugación del impuesto Consumidor Final con el impuesto por la venta. Aunque la venta sea poca, no importa, lo importante que la persona que hace un trabajo mecánico sienta el sabor de ser un emprendedor, porque eso es lo que necesitamos, emprendedores que van a generar más recaudación con sus ventas que si estuvieran dormidos en un trabajo mecánico.

Todo dinero que se deposite tiene un 21% de retención.

Las compras con tarjeta de crédito: la tarjeta le cobrará al cliente por adelantado el 21% de disponible que tenga para compra, lo use o no lo use. Asique hay que ver bien los montos que se autorizan para gastar porque si el cliente no lo paga, lo va a tener que abonar la tarjeta de crédito. O bien que no sea un monto alto porque si el usuario no usa el total y va a tener pagar impuesto por el total.

Si una empresa tiene crédito fiscal para descontar puede presentar en el ente recaudador, ese crédito y podrá presentarlo en la entidad bancaria para recobrar parte del cobro del impuesto al valor agregado.

Las fundaciones u otras entidades que no paguen el impuesto van a pagar, pero al mes siguiente pueden recuperar dicho importe con la presentación del proyecto ante el ente recaudador (rama social) que evaluará caso por caso si corresponde o es una pantalla para evasión fiscal.

Al sufrir el dinero depositado una retención del 21% de IVA en el banco, ya sea en la caja de ahorro o en la cuenta corriente, o bien en la colocación de un plazo fijo o en cualquier otra operatoria. El banco siempre va a retener y efectuará una devolución parcial cuando el ente recaudador se lo indique. El empresario o el comerciante va a tener que hacer conjugar el Crédito y Débito de sus impuestos ante el ente recaudador, quien le dará una autorización para recuperar parte de la plata o el total si así correspondiere. Los contadores van a tener mucho trabajo. Por otra parte, los individuos que facturen como responsable inscripto, deben hacerlo en concordancia con la página web del ente recaudador, quien le hará todo el trabajo contable para que no tengan que abonar un contador.

Conclusión:

Solo abonará el impuesto al valor agregado, quien tenga una cuenta bancaria, quien no la tenga, no abonará el impuesto, porque la idea es que la clase humilde no abone dicho impuesto cuando compra artículos de su necesidad.

Todo dinero que genere el comerciante y los empresarios, van a pasar por el banco, por lo cual, ambos van a sufrir el descuento de 21% del impuesto, esto va a generar que el comerciante y el empresario para recuperar esa retención van a tener que facturar el impuesto al valor agregado, dicha entrada de dinero se va a acreditar al mes siguiente. El banco podrá trabajar ese dinero para sus inversiones, de manera de tener un pago por ser agente de retención. Todos los artículos que vendan se van a facturar con el impuesto, pero al cliente no le van a cobrar el impuesto, porque se entiende que el cliente cuando deposito la plata en el banco ya pagó el impuesto por adelantado, por esa razón los comerciantes y fabricantes, van a facturar el impuesto, pero no lo van a cobrar. Por otra parte, si no facturan el impuesto, no van a poder recuperar parte del dinero retenido. Y quien no este bancarizado, no va a pagar el impuesto, porque se entiende que está bajo la línea de pobreza y a los pobres no se les cobra los impuestos.

Capítulo VI

DÓLAR BLUE - DÓLAR OFICIAL - RELACIÓN CON EL IMPUESTO AL VALOR AGREGADO.

El valor del impuesto al valor agregado que se cobra va a depender de la diferencia entre el dólar Blue y el dólar oficial. Si la diferencia entre el valor del dólar oficial y el dólar blue es mayor al 27% el valor del impuesto para ese mes será de 27% (tiene un tope que es el 27%, si la diferencia es de un 50% el valor del IVA será de un 27% (el tope) - si la diferencia de ambos es de 23%, el valor del impuesto para ese mes será de 23%, pero si el valor es igual. El blue es igual al dólar oficial, el valor del impuesto será de un 19.5% - el valor del impuesto baja. Cada mes se estipula el valor del IVA – lo hace el Banco Central. No se cobra el impuesto a las ganancias, ese impuesto se excluye, salvo que la recaudación fiscal no alcance las metas estipuladas y deba cobrarlo para cubrir el rojo de la recaudación.

Es muy importante que se dolarice el valor del sueldo, de manera que el empresariado sepa que si el dólar sube tendrá que afrontar una suba en los salarios de su empresa.

Otro sistema es subir el dólar oficial a 2000 y que este arriba del dólar Blue. Ósea de lo que el mercado marca a la fecha presente. Se estipula un dólar oficial a 2000 de manera de hacer una barrera a las importaciones, salvo que las mismas sean parte de una cadena de producción, se prevea que el dólar blue va a subir 50 pesos por mes por lo cual el dólar oficial que está a la fecha va a estar 10 meses adelantado. Lo ideal es colocar el dólar oficial alto desde la época de siembra y que el mismo caduque con la liquidación de la cosecha, tanto para la cosecha fina y gruesa. Para hacer esta ecuación, los precios deben estar pesificados con un monto fijo, de manera que no suban cuando el dólar oficial sube. Este sistema es contrario al detallado en el libro. Si una empresa tiene necesidad de importar y por el precio del dólar alto, se le encarecen sus productos, el estado bonificará la diferencia de cotización, entre el dólar oficial y el dólar blue.

Capítulo VII

BAJAR LA INFLACIÓN HIPOTECARIA Y ENTREGAR LOTES AL PUEBLO.

La inflación hipotecaria es uno de los mayores problemas que tiene el estado y la única manera de frenarlo es que la oferta de lotes sea mayor a la demanda, de esa manera una persona evalúa, me voy a las afueras de la ciudad y obtengo la casa a mitad de precio. Esa herramienta compite con quien vende su casa en el centro de la ciudad, quien para vender tendrá que reducir el importe de venta para poder lograr su objetivo de venta. Dado que en mercado inmobiliario hay más herramientas de oferta más económicas. Esto es bajar un poco el techo de la venta de casas y departamentos que están a precio dólar y también al bajar posibilita que los créditos hipotecarios sean de mayor alcance y que no tenga plazos muy largos como ser 20 o 30 años, lo ideal es que una casa o departamento se abone en un crédito a 10 años. Por varias razones, el sistema que propongo es un sistema de una duración de 15 años y lo lógico que se hagan inversiones, pero no olvidemos que ningún sistema es infinito. Ahora si dura 30 años bienvenido sea. Por otra parte, no sólo hay que poner techo al valor de venta de las propiedades, sino también al crédito que al ser extenso es un dineral lo que se abona por una casa, además en muchos casos los pagos quedan a mitad camino. Hay que hacer ganar dinero a quien promueve la construcción, no al que hace un negocio de la caída de un crédito y la situación termina que el tomador del crédito pierde todo.

Los lotes comprados por el estado, con la emisión de moneda que están en bonos en la Reserva Federal, son entregados a la gente, con la condición de que el tomador tenga efectuado el título de Maestro Mayor de Obra y la adquisición es personal. Sino contará con el título tendrá que abonar el importe a valor metro cuadrado de soja.

El tenedor tendrá que construir la casa y contará con una casa pequeña, prefabricada que estará colocada al fondo del lote para que viva mientras construye la nueva edificación. Tendrá disponible en el lote, agua, luz, wifi y gas y las condiciones barriales de acceso, calles, avenidas y medios de transporte.

Una vez construida, el estado la escriturará y el tenedor será dueño de la casa, pero la escritura tendrá una prenda que se efectuará de dos maneras. El propietario puede abonar el 20% del valor de la casa con el lote y pasará a ser propietario al 100%. Caso contrario sino contará con el disponible, se le prendará el valor del 20% del total (lote y casa), es una prenda abierta, tiene fecha de cancelación a los 50 años de haber escriturado. Cuando venda, el registro de la propiedad le retendrá el 20% del valor de venta, en su conjunto casa y lote. Esto le generará un fondo al estado para futuras compras de lotes, para otras personas que necesiten y por otra parte el sistema de emisión de la cadena de pagos no puede ser infinita, tiene un límite, una vez que el 90% del pueblo tenga acceso a su vivienda personal, el sistema de emisión con posterior colocación en el sector inmobiliario quedará nulo, pero el sistema se nutrirá del sistema descripto más arriba.

El estado evaluará junto con el municipio, las zonas de mejor seguridad que tiene alrededor de la ciudad a fin de programar una compra por parte del estado sobre ese sector, el cual va a ser preparado para tener los accesos y servicios con el fin de lotear la zona, en el tiempo presente y se reservaran lotes para futuras compras.

¿Por qué el estado tiene derecho a confiscar, una propiedad rural privada? Volvamos a nuestros orígenes, ¿Quién llegó primero, la urbanización urbana o la urbanización rural?, ¿Por qué esta pregunta?, quien primero puso la piedra de fundación catastral es el que tiene derecho. Claro que el tiempo cambio, pero el sistema es el mismo. En lo catastral o registral, el derecho lo tiene la urbanización urbana, por el simple hecho que la catastro de lo rural depende del registro urbano.

Toda persona que no cuenta con los medios para abonar un lote cuenta con la herramienta de llegar a ser Maestro Mayor de Obra, ya del colegio se sale con el título, dado que es obligatorio para entrar en cualquier universidad, privada o estatal, se sacaría el CBC o el examen de ingreso. Y se crearía un plan educación a nivel nacional, todos los colegios van a dar clases dirigidas con el objetivo de que sus alumnos salgan con el título de Maestro Mayor de Obra y para las personas mayores, va a haber un plan que va desde el llano, desde el punto cero. Personas que son analfabetas hasta el título de maestro mayor de obra, (sería un primario y secundario, reducido en el cual solamente se vería castellano y matemáticas) en instituciones estatales las cuales no tendrá ningún cargo para el alumno, de cualquier edad. El estado tendrá invertido y reservado los lotes para quien lo solicite. El estado obtendrá los lotes comprándolos a valor metro cuadrado de la soja y el dinero saldrá del giro comercial de pagos, a través de un sistema de emisión de pesos que se pasará a cedulas hipotecarias. Las mismas se colocarán en la reserva federal como activo líquido y de esta manera contemplará la emisión efectuada.

Porque se pensó en el título de Maestro Mayor de Obra, porque una persona pasa en su casa más de 12:00 horas diarias y por lo general, no tienen idea de cómo se construye, como se repara una casa o se la pinta. Por otra parte, hay un efecto creador en el conocimiento adquirido, es que el estudiante tiene la capacidad a través del diseño de pasar de un estado inmerso en el estudio a concretar algo en forma de tiempo y espacio. El título tiene otras ventajas en lo que respecta a oficios y además tiene una herramienta para visualizar grandes negocios que en este momento sería muy largo de detallar.

Para semejante maniobra, educativa, constructiva, comercial se creará un Ministerio de Tierras, quien tendrá como finalidad terminar con los asentamientos y hacer una reparación social en la distribución de lotes para casa de familia.

Nota: ¨Bajo ningún concepto se quiere parcelar los campos de los agricultores, solo se quiere hacer un espacio para extender la urbanización para que la gente tenga su propia tierra para una casa de familia¨.

La zona que el estado confisca será abonada en pesos al precio de metro cuadrado del valor de un campo que siembre soja. Uno de los cultivos más caros. No importa en que parte del país se haga la confiscación o si las tierras que se confiscan no tienen la disponibilidad para sembrar dicho cultivo. El pago no depende del tipo de terreno, sino que se toma el valor más alto de la pampa de manera de la gente rural sea lo menos perjudicada.

El negocio del empresariado rural es el campo y sus productos. Los lotes de tierra para urbanización no encuadran dentro del negocio. Sólo se confisca parte de la tierra que tiene un hacendado para que quede programado el lugar donde se va a desarrollar los emprendimientos habitaciones de la sociedad y no pase que la gente de bajos recursos termine habitando lugares de alto riesgo. A modo de ejemplo, lugares inundables.

Quien quiera obtener un lote tiene varios canales para hacerlo, uno es tener el Título de Maestro Mayor de obra, otro es comprar el lote al precio del metro cuadrado de valor soja y la última alternativa es construir y firmar un pagaré en dólares que tendrá una gracia de tres años, para comenzar a pagarlo.

Capítulo VIII

EMISIÓN DE LA MONEDA CON DESTINO HIPOTECARIO

Toda transferencia de dinero por emprendimientos de la industria o pago de mercaderías tendrá una demora de 7 (siete) días en la acreditación.

El dinero lo deposita el pagador y se convierte en dólares o bien, está en la cuenta en dólares y se efectúa una transferencia para un pago de una factura, tendrá una demora de 7 siete días en acreditarse en la cuenta destino. El banco va a separar dicho importe, que está tomado como mercadería en dólares y lo enviará al banco Hipotecario, quien lo convertirá en una cédula o bono hipotecario y colocará esa cédula en la Reserva Federal para que sea canjeada por la compra de un lote por parte del estado.

Todas las transferencias o pagos en cheques serán a siete días (Cheques a fecha también estarán incluidos), serán convertidos en cédulas hipotecarias con el fin de colocarlos en lotes y de esa manera pasaran a la reserva del país, que estará conformada por lotes de tierra que tienen un valor y esos lotes serán prospectos de desarrollos inmobiliarios. Al utilizar el dinero o cheque al día o a fecha para la adquisición de tierras, la casa de la moneda emitirá el dinero en pesos para que el banco de donde se emitió el pago gire los pesos al banco de destino quien le pagará al proveedor que emitió la factura. De esta manera se puede emitir por el importe del giro comercial de pagos que tiene el país. Siempre y cuando ese dinero sea colocado en bonos o cédulas hipotecarias para la adquisición de lotes que estén en los alrededores de los pueblos, ciudades y estos lotes se pueden vender o entregar al pueblo. Tener más lotes a la venta o entrega de lo que el país necesita, deflacionaria el precio de estos, la idea es tener un precio económico para que la casa de familia sea accesible a todo el mundo.

Conclusión:

Todos los pagos de determinado monto xxx, tienen que ser bancarios, esto lo debe establecer el banco central, el cobrador sabe que su pago va a tener una demora porque el estado está emitiendo ese giro, desde que se inicia y lo va a convertir en una cédula hipotecaria que va a ser el pago para quien venda el lote inmobiliario, ese lote a través de un bono va a estar contabilizado en la reserva federal como parte del activo líquido que tiene el país. El tema es que el estado debe tener un mecanismo rapidísimo para poder convertir ese pago en un lote y el mismo que pase a ser parte de la reserva federal. Se detallo en el trabajo siete días, pero realmente no sé cuánto tiempo le lleva hacer este trámite. Lo que sí, el trámite al ser un producto enlatado y que tiene preaprobación, tendría que ser rápido.

Nota: estos lotes que adquiere el estado son urbanizados y dados al pueblo o vendidos, con la promesa de que el adquiriente construya y al terminar la obra, el estado se lo escritura, con una prenda del 20%, del total de la propiedad con el lote incluido. Pueden ser abonado por el nuevo propietario o bien cancelado al momento de la venta de la propiedad. El periodo de espera de venta es de 50 años, pasados el lapso, se debe vender la casa o abonar el 20% de la propiedad. No importa si el dueño murió, la casa siempre va a tener esa prenda, para quien sea el titular el día de mañana.

Capítulo IX

CRÉDITO PARA ABONAR EL ALQUILER

Se debe hacer una nueva ley de alquileres con dos caminos, la clásica como estaba antes y la ¨Ley de inquilinos desde la nada¨.

La clásica que ya la conocemos, y la nueva, consiste en preparar un fondo que no dependa de las leyes bancarias, un fondo que provenga de donaciones de los integrantes del país, como ser personas, instituciones y empresas.

Se pudo hacer un fondo para salvar a un importante club de fútbol, ahora hay que hacer un fondo para salvar a los inquilinos. Tiene que ser una participación global de toda la sociedad.

El fondo monetario, tiene que ser manejado por el Ministerio Central de Tierras que dará una suma al propietario del departamento o casa que se alquila por el tiempo que dure el contrato de alquiler, que será de dos años y se abonará en su totalidad en una cuota cuando comience el contrato de alquiler o la ocupación de la casa.

El contrato es por dos años, por lo cual son 24 meses, los cuales van a hacer abonados en un solo pago al propietario de la unidad a alquilar. Esto se puede hacer a través del banco que representa al país quien dispondrá de ese fondo que está fuera de las normas bancarias y será una excepción a la regla monetaria.

El propietario recibirá al comienzo del contrato el pago total de los 24 meses y el mercado bancario le dará herramientas bancarias para hacer trabajar ese dinero en el mercado, que tiene varios caminos, uno es que el banco privado reciba el monto del contrato y lo invierta con una renta garantizada y se lo abone después de 24 meses, otra es que el banco privado le tome el monto total del contrato y le abone al propietario mes por mes el alquiler más intereses establecidos fijamente antes de comenzar el sistema (como si el banco fuera el inquilino que le paga mes por mes), esto le daría una cierta seguridad al sistema y la cantidad de propietarios que ofrecen sus propiedades aumentaría. Por último, el propietario puede disponer del dinero tomando su libre disposición de este, como ser comprar dólares, oro, o en un fondo de construcción de una propiedad edilicia. (si reinvierte en la construcción o compra de propiedad que se encuadra en casas o departamentos de familia, tendrá una quita de impuestos).

En el caso de departamentos, las expensas, el impuesto inmobiliario y otros tipos de impuestos sobre la unidad a alquilar, todos están incluidos en el pago que efectúa el banco que representa al país antes de la ocupación de la vivienda.

Para que el Banco que representa al país efectúe esta operatoria, se debe modificar el estatuto y debe estar autorizado por el Banco Central, sólo el Banco que representa al país puede hacer este mecanismo, también operará el Ministerio de Tierras quien presentará los inquilinos ante el Banco prestador.

No hay requisitos para alquilar, si se cuenta con ingresos registrados, mejor, pero puede darse el caso que los inquilinos tengan trabajo, pero estén fuera del sistema y no tengan manera de justificar sus ingresos. Por dicha razón no se exige requisitos monetarios a presentar. Sí se exige la libreta de casamiento, DNI, ser nativo o tener la ciudadanía argentina y tener hijos. El plan es para familias y el sistema esta apuntado a familias de clase media o de bajos recursos.

El inquilino tendrá que abonar al Banco que representa al país mes por mes y si se llegará a retrasar el banco lo esperaría hasta fin del contrato. Al final del contrato el banco evaluará, si abonó todo en termino, si debe cuotas o intereses o si debe todo el contrato.

El banco le da, al inquilino la oportunidad de que no tenga tanta presión por el pago, en caso de que adeude más del 30% del contrato, el banco no le renovará y lo dejará fuera del sistema, en cambio sí cumplió o debe menos del 30% del contrato al momento de finalización el banco le dará otra oportunidad de tener línea de crédito.

Al principio, el banco va a sufrir pérdidas en sus fondos, pero con el tiempo logrará una clientela cumplidora que va por afuera del sistema bancario.

Cada 24 meses, el banco con el apoyo del gobierno, sus instituciones y la participación del pueblo, se reforzará el fondo, si se encontrará en una situación de pérdidas que pusieran en jaque, las reservas de este.

Se aplica el concepto de no envolver a la familia en el orden de oferta y demanda, el orden de un fin de lucro, sino aplicar el orden de un fin social, para eso hay que salir por afuera del sistema bancario y llegar de una forma diferente.

Conclusión:

El banco sólo le cobrará al inquilino el alquiler más el interés, sin aplicar el fin de lucro del banco, porque el alquiler de casa de familia es un negocio social. El propietario recibirá el pago por adelantado y no tiene posibilidad de que no le paguen el alquiler, por lo cual no es necesario pedir garantías hipotecarias o de seguros de alquileres, al inquilino.

Este es un producto preparado para familias que tengan ingresos que no se pueden justificar porque trabajan fuera del orden de registración.

También familias que trabajan con todo en orden, pero que no puedan presentar garante. Cualquier tipo de inconveniente que surja el estado puede estar presente para dar una mano. Por otra parte, al cobrar todo el dinero en un solo pago abre puertas para los propietarios para hacer otras inversiones en ladrillos. El banco Nación les da una serie de beneficios a las familias que sean derivadas por la central de tierras, una secretaria nueva que se va a encargar a nivel nacional de que todas las familias consigan un lugar para alquilar. Pero también les va a exigir que tengan todos los papeles de partida de nacimiento, vacunas, libreta de casamiento, certificados escolares y DNI actualizados. Si no los tienen, la central de tierras les va a dar igual la posibilidad de alquilar y, además, les ofrecerá un gestor si el caso lo amerita para hacer los trámites que son necesarios para volver alquilar en la segunda etapa.

Capítulo X

SISTEMA JUBILATORIO PARA LA REPÚBLICA

Sobre el sistema jubilatorio, el mismo debe regir a partir de los 30 años, entre los 18 y 30 años los empleados, no deben tener aporte jubilatorio, sólo el seguro de accidentes laborales y el descuento por obra social, (red de sistema de salud) además la jornada laboral debe ser de 6 horas de manera que se puedan acoplar a sus especializaciones educativas técnicas o universitarias (la proposición que la jornada laboral sea de seis horas es argumentada por los partidos de izquierda de RA). En ese periodo de la vida, se necesita estudiar, para ello, se necesita tiempo y dedicación. Por otra parte, una entrada de dinero fortifica al estudiante, por lo cual debe haber un trabajo. Si la jornada es de 8 horas, el empleador no va a tomar otro empleado, a lo sumo el empleado hará extras y terminará trabajando 12 horas, por esta razón se sugiere una jornada de 6 horas y donde trabajaba uno, trabajan dos.

Se necesitan 30 años para jubilarse, si dentro del periodo de 18 a 30 años, el empleado se preparó, bien a fondo, nunca le va a faltar trabajo y de los 30 a los 65 años, hay 35 años, es por eso por lo que los aportes deben empezar a los 30 años, en adelante. Otro punto para tener en cuenta es que los adelantos tecnológicos de acá a 45 años van a evolucionar de tal manera, que el hombre sabrá regenerar los tejidos de su cuerpo y es muy posible que estire su vida activa unos 15 años más y la muerte no se la va a encontrar a los 80/90 años, sino a los 110/120 años.

Dado el deterioro actual que tiene las jubilaciones, está claro y conciso que las cajas, las arcas de las reservas de los aportes de las jubilaciones, fue saqueada por la inflación y por otros métodos. Ante este cuadro de situación se debe racionar la entrada a los jubilados. Mejor dicho, se debe tomar el total del pozo del dinero que hay asignado para todos los jubilados y dividirlo en partes equitativas, de manera que la jubilación mínima no quede tan baja. La jubilación se debe repartir en partes iguales. Pero dice un aportante de alto nivel: ¨Yo he efectuado aportes de alto rango y quiero tener mi jubilación como corresponde¨. Si, pero si las jubilaciones hubiesen sido privadas en nuestro país con el descalabro económico y financiero que tuvimos, usted no estaría cobrando nada porque la empresa abonadora de la jubilación estaría quebrada. No obstante, es bueno recalcar que una empresa como las compañías de fondos de pensiones AFJP, tiene un sentido comercial, un fin de lucro y usted cuando hace sus aportes no tiene un fin de lucro, la jubilación es una herramienta de ahorro de subsistencia, en la cual todos los jubilados nos agarramos fuerte como si fuera una soga, porque el día que ya no tenemos fuerza para seguir agarrándonos de la soga, morimos. El ahorro de la jubilación no tiene un fin de lucro porque se cobra en una etapa de la vida que ya la persona no tiene posibilidades de ejercer el comercio, esto es una evaluación en general.

Si bien el estado es consciente de que el que aporto más, merece ganar más, pero dada la situación, la jubilación debe ser abonada en partes iguales. Pero por otra parte se le debe dar un bono a cinco años, a los jubilados que tienen derecho a cobrar una mayor cantidad, el plazo de los bonos va a variar acorde a la edad del jubilado. Además, cuando el estado tenga disponible en sus arcas, (superávit) tendrá que rescatar esos bonos en carácter absoluto, no puede asignar el dinero a otra partida, sin antes haber rescatado el bono y darle un pequeño fondo por las molestias ocasionadas.

Las jubilaciones no se deben privatizar porque la empresa de jubilaciones tiene un fin de lucro como meta por la administración del fondo de la pensión y este contexto puede ser muy útil en otros países, pero no es muy recomendable en nuestro país. El jubilado o el aportante, cuando hace el aporte no tiene un fin de lucro, en cambio la AFJP, (fondo de pensión) sí. Por esta razón la jubilación debe ser estatal y el estado debe fundar una empresa que administre gratuitamente las jubilaciones de los aportantes y además actúe como una empresa de seguros de retiro, en donde se acepte el aporte de capital de los jubilados para incrementar su jubilación.

Ejemplo:

Me corresponde por mis aportes una jubilación de 500.- mil pesos, además yo le puedo transferir al estado una propiedad por valor de 100 mil dólares, el estado no me abona la propiedad, me la pasa como fondo para la jubilación y me garantiza una renta múltiplo del pago base de la jubilación. Ósea si por mes me abonan 300 mil pesos, por transferirle la casa a la empresa Pensión Estatal de Seguros S.A. empresa estatal que tiene como respaldo al estado en el pago de las jubilaciones, se va a quedar con la propiedad y me va a dar un múltiplo de jubilaciones mínimas como parte de pago de la propiedad. Ese cálculo lo hace la división técnica de Pensiones Estatales, por decir en forma de ejemplo de 50 jubilaciones mínimas por mes al jubilado, hasta su deceso. No se puede transferir la propiedad que habita. Todo este contexto de adquirir propiedades, sin escriturar, va a tener una cotización previa de la viabilidad que tiene la propiedad para ser alquilada o vendida. - Porque después de ser transferida, al sistema estatal de Retiro, la empresa estatal va a tener que tomar la decisión de vender la propiedad. Si la vende, la propiedad va a hacer escriturada al nuevo dueño, sin necesidad que el jubilado este presente en la escritura, porque para que se venda puede pasar un tiempo y nadie puede garantizar que el jubilado este presente en este mundo en ese momento. Ósea la transferencia del bien, libera al jubilado de hacer otro trámite. Quien se tiene que mover rápido para llevar adelante una entrada de dinero al fondo de aporte, es la empresa estatal de pensiones.

Las empresas de seguros de retiro privadas, que también actúen en el mismo modus operandi que la empresa de Pensiones Estatales de Seguros de Retiro, tendrán que aceptar que el estado tenga el 40% de las acciones de su empresa y los accionistas que representan al estado, tendrán que ser auditores de la Republica. ¿Porque estas empresas privadas tienen el respaldo del estado? Si se llegaran a fundir, el estado tendrá que responder por las pensiones contratadas por los jubilados y después el estado accionará sobre los accionistas de estas empresas privadas. Para hacer esto hay que hacer una nueva ley de Seguros de Retiro.

Capítulo XI

SEGURO DE CASAS DE FAMILIA SIN DEPRECIACIÓN POR TIEMPO Y USO

El diseño de este producto se acopla a la política de la dolarización, emisión y colocación de la emisión en el sector inmobiliario, pero se busca el auto crédito a través del seguro para complementar el sistema.

Se diseñará la Ley De Seguros De Casas De Familias, que creará un mercado exclusivo, paralelo al mercado de seguros, orientado a cubrir los integrantes de las casas de familia y sus propiedades. El proyecto por presentar abarcará riesgos sociales, de salud, y seguros patrimoniales y de responsabilidad Civil.

Se detalla en el resumen el concepto principal que argumenta la creación de una Ley De Casa De Familia:

En la vida tiene que haber una balanza de justicia, el peso de la justicia tiene que ser equivalente y hoy estamos en busca de una equivalencia, en el área de seguros. La idea es analizar los intereses que se ponen en la báscula de la justicia. El motor oculto que tiene una aseguradora y un asegurado. Ambos deben comulgar el mismo interés, tener el mismo objetivo, tener un interés asegurable, desde distinta óptica, una visión del asegurado y otra del asegurador.

Por lo general, una aseguradora cuando asegura un riesgo tiene un fin oneroso, un fin de lucro y quien asegura también tiene un fin de lucro, ejemplo: Una empresa, un comercio, en esa relación ambos tienen un motor comercial que es el fin de lucro, un motor interno que los convierte en pares, pero cuando aseguramos una casa de familia, (combinado familiar) la familia tiene un objetivo social y el fin de lucro es muy reducido, nadie forma una familia por un fin de lucro. En términos generales, volviendo al plano del motor interno, la aseguradora asegura la casa de familia con un fin de lucro y el asegurado (la casa de familia) toma el seguro por un fin social que es el resguardo de los bienes, pero su motor interno es la familia, es social y en ese plano la relación del motor interno de cada unidad es desigual. Por lo general, las aseguradoras tienen un contrato de adhesión que el asegurado lo toma o lo deja, pero no tiene opción de tener una póliza a medida de sus necesidades sobre los bienes que tiene, sus problemas sociales y de salud. En un plano de motor interno, la aseguradora tiene un fin de lucro y el asegurado de casa de familia tiene un fin social, ante semejante diferencia, entendemos que el plano tiene que ser equitativo, o los dos con fines de lucro o los dos con fines sociales. Una familia nunca va a tener un fin de lucro, por dicha razón es que se plantea la idea de crear un aseguramiento social en ambos casos, pero ¿Cómo?, ¿Quién? y ¿qué objetivos tendría?

Tengamos también en cuenta que las cláusulas de los contratos de adhesión que tienen las aseguradoras son cláusulas que surgen de juicios y sentencias comerciales y no sentencias de fueros sociales.

En el año 1996 se crearon las aseguradoras de riesgo de trabajo y un nuevo entorno de mercado de seguros, que reemplazo al antiguo seguro de accidentes de trabajo, por muchas razones: El costo era muy alto para los empresarios, los aseguradores tenían que abonar grandes indemnizaciones y hay más razones, etc.

Conclusión: Creamos un mercado paralelo para los empresarios, asegurados y aseguradores.

Sí se pudo hacer un mercado paralelo para los empresarios, podemos también hacer un mercado paralelo para casa de familia, con cláusulas sobre los bienes, muy diferentes, cláusulas sociales y de salud. Tenemos un punto en contra que es el volumen de prima que corresponde al sector de casa de familia, no es muy alto. Esto puede hacer que no de la base para hacer un mercado paralelo al de seguros generales como lo es en caso de las Aseguradoras de Riesgo del Trabajo. En la actualidad el seguro de casa de familia no tiene una función social, es más patrimonial, salvo algunas coberturas. Si el seguro de CF es sin un lucro reducirá el costo tanto en el área patrimonial como en la de nuevas coberturas sociales y de salud. Por otra parte, habría que revisar las exclusiones de cobertura del contrato actual de casa de familia, para cubrir algunos de los eventos que están excluidos y lo primero que hay que crear es La Superintendencia de Casa de Familias para que analice que coberturas sociales se puede cubrir en principio y con el tiempo a que expansión va a llegar, para lo cual va a necesitar tener información exacta del Ente de estadísticas.

La cobertura que debe tener una casa de familia tiene que ser la misma que las grandes empresas internacionales tienen. ¨Todo Riesgo operativo familiar¨ cubre todo evento que ocurra, salvo que este excluido y hay que hacer un trabajo muy minucioso con las cláusulas de las exclusiones. Esto es el primer paso y el segundo es que el bien asegurado no sufra desgaste por tiempo y uso, sino que todo lo que se asegure sea a suma fija sin depreciación. Ambos requisitos son indispensables para que la póliza sea aprobada por la caja de valores como un bono similar a una hipoteca y que por lo tanto genere un dinero líquido que va a ser usado para la construcción de casas exclusivamente. (No incluye edificios, solo casas). Esto va a requerir una ley específica para el sector dado que la ley actual de seguros no lo permite. Claro que la base para armar todo el conjunto de elementos, la Superintendencia de

Riesgo de Casas de Familias y los seguros de casas, sin depreciación por tiempo y uso, debe ser apoyado en que la aseguradora tiene un fin de lucro y el asegurado que protege su familia no tiene el mismo objetivo y sobre esa línea de argumentación es que se basa dicho modelo.

Hoy la línea de crédito para casas de familias depende de los bancos mayoristas y en eso hay una pérdida de soberanía, para ello se puede desarrollar un nuevo sistema de financiación: Este sistema depende de la colaboración de las compañías de Seguros y que el Banco Central no permita que los bancos comercialicen para casa de familias, la línea de crédito. Si pueden hacerlo para edificios, pero no para casas de familias.

Se necesita que el mercado asegurador, solamente en el sector de seguros de casas de familias, no obtenga una ganancia y transforme la póliza de las casas ya existentes en bonos que deben ser aprobados por la caja de valores y tengan una función operativa parecida a una hipoteca, (es parecida porque no pone en riesgo el bien) Este dinero que se recauda de ese bono, puede ser prestado y sobre ese uso financiero se obtendrá una ganancia para quien aseguro su casa asintiendo la emisión del bono de la caja de valores, la ecuación le cubrirá al asegurado, el costo del seguro y un seguro médico que será parecido a la cobertura que da una obra social y le dará a quien quiera comprar una casa la herramienta financiera para poder financiar la compra de una casa.

Esto le dará una soberanía crediticia a la nación sobre la línea de crédito a casas de familia, para lograr dicho punto, se debe tener un reaseguro nacional, especifico en casa de familias y contar con la colaboración de la superintendencia de la nación, para que cree la Superintendencia De Casas De Familias.

Técnicamente es imposible hacer este movimiento con la ley actual de seguros, por lo cual se debe hacer una ley específica para casas de familia argumentando que las compañías de seguros, los contratos de seguros y la formación de las cláusulas de los contratos, están basadas en un fin de lucro y que este concepto no empalma con el objetivo de una casa de familia, nadie forma una familia para obtener un fin de lucro por lo cual es necesario un encuadre diferente y para ello se debe crear La Superintendencia de Casas de Familias, que le dará un toque social al seguro y junto con un reaseguro nacional acompañado de que la póliza se convierte en bono que posibilita la creación de una línea de crédito que dará una renta en donde el dueño de la casa, será beneficiado con tener el seguro y una cobertura médica sin cargo. Lo único que tiene que hacer es el seguro de su casa. Pero queda también una responsabilidad muy grande por parte del asegurado en no violar la ley, efectuando auto robo, dado que la forma que va a tener la póliza será una tentación constante porque no tiene depreciación por tiempo y uso. Claro que también evaluará el asegurado que se ahorra el costo del seguro de la casa y del seguro médico. Por otra parte, le dará la posibilidad a otra persona de tomar un crédito para la construcción o compra de una casa. No de un departamento, porque un edificio es una construcción comercial que por lo general lleva fin de lucro.

Si se llegará a lograr este paso, sería el principio en donde un activo fijo pasará a ser líquido, sin ser una hipoteca y con el tiempo nuevas tecnologías económicas llegaran donde se podrá tomar otros activos fijos que pasaran a ser líquidos (cash) sin poner la propiedad en garantía y llegaríamos a tener una soberanía crediticia. El punto importante es que sea una competencia que enfrentara al mercado mayorista de bancos y balanceara el mercado haciéndolo más equitativo.

Además, habrá que hacer una nueva gama de coberturas, que cubren eventos sociales que en otro trabajo se mencionarán.

Capítulo XII

SEGURO DE COBRO EN LA CADENA DE PAGOS A NIVEL NACIONAL

Parte del dinero que está en el banco, forma un porfolio de la cadena de pagos, Esta cadena de pagos, como bien he dicho en capítulos anteriores, fue utilizada para emitir y convertir esa emisión en cedulas hipotecarias que fueron o forman parte de la reserva nacional. El punto es que si el estado utiliza el dinero de la cadena de pagos para una doble emisión deberá dar garantías de que los cheques emitidos, no vengan rechazados, por lo cual, todo tipo de cheque, que sea al día (que no es al día, sino tiene un plazo de acreditación de 7 días) o cheques a fecha, el estado lo garantiza, si viene rechazado por falta de fondos, el estado lo abonará y reclamará después al emisor del cheque.

Los pagos que se hacen por transferencia, cheques al día o cheques a fecha con fondos propios de los empresarios o cualquier responsable inscripto son garantizados, dado que el estado utilizo la cadena de pago para una inversión inmobiliaria y por lo tanto no le queda otra que garantizar la cadena de pagos que por su puesto si un cheque a fecha viene rechazado, el estado lo abonará y después recuperará del emisor del cheque.

Por su puesto hay que reformar la política de emisión de cheques actuales.

Esto creará un respaldo al mercado y hará perder ganancias a los guetos cambiarios que absorben cheques a cambio de efectivo

Capítulo XIII

FRANQUICIA DE IMPORTACIÓN Y EXPORTACIÓN

Ejemplo del Puma.

Cuando un pumero quiere cazar a un puma, lleva unos cuatro o cinco perros y cada perro ataca de diferentes flancos al puma de manera de que el puma no pueda escapar y no se pueda defender, los perros atacan por todos los flancos hasta que el pumero se acerca y le da un mazazo en la cabeza y lo termina matando. En caso de la industria argentina pasa algo parecido, cada importación es un perro que nos muerde nuestra industria, generando desocupación y quiebras de empresas, por lo cual no podemos abrir el mercado a las importaciones y eso nos bloquea la posibilidad de tener mejores líneas crediticias. Si abrimos las importaciones, quedaríamos acorralados por los perros (las importaciones) y la banca internacional nos daría un mazazo y quedaríamos sin industria nacional. Para evitar esto se ideo un plan.

Alternativa 1

Si las empresas fueran públicas especialmente las que nos proveen de insumos industriales que sean imprescindibles y por ende se obtendría un insumo nacional como hierro, combustibles, acero, aluminio y otros, además de los servicios esenciales con precios bajos, especiales para que nuestra industria manufacturera y para el campo tenga un precio competitivo frente a las importaciones, será una alternativa. Pero generalmente se politizan y se vuelven inoperables. Ahora si logramos evitar eso, sería una gran cosa.

Alternativa 2

La franquicia de importación y exportación es un sistema medio colonial, pero efectivo. Si un empresario quiere entrar en un mercado europeo, tiene que competir, con alguien que tiene el puesto ganado que está cerca y por otro lado nosotros estamos mucho más lejos (hablando en distancia con respecto a un competidor europeo) por lo cual nuestro costo de transporte es mayor y también no tenemos el mismo nivel de referencias que tienen las empresas americanas o europeas. Entonces necesitamos un padrino, un país que tenga acceso a nuestra mercadería y coloque nuestros productos en Europa o en Estados Unidos, o bien yendo para el otro lado, necesitamos entrar en el mercado Japones o chino.

Esto puede ser si, por ejemplo, tenemos un arreglo con Francia, en donde este país puede colocar su mercadería en nuestro país sin abonar los aranceles aduaneros que abonan los otros países. Francia tendría acceso libre, habría un libre mercado entre Francia y Argentina tanto para uno como para otro, pero si Alemania quiere enviar mercadería a la Argentina, tendrá que abonar un arancel a Francia, porque toda importación que entre en la Argentina proveniente de Europa abonará un impuesto a Francia que impactará en el precio final del producto. Este impuesto funcionará como una barrera arancelaria para Alemania, y dejará un dividendo para Francia. Entonces podremos decir que Argentina no tiene aranceles para la importación de ningún país europeo pero cualquier país que quiera ingresar mercadería de Europa a la Argentina deberá abonar a Francia un canon. Por otra parte, la Argentina tampoco tendrá un arancel para exportar mercadería a Francia y podrá colocar los productos en ese país. También Francia podrá comprar productos argentinos, manufactúralos y venderlos a otros países, de esa forma estaremos utilizando implícitamente los canales de comercialización de Francia.

Y a su vez lo mismo le ocurrirá a Francia con la Argentina. Nosotros podemos colocar productos franceses en nuestros países limítrofes como si fueran productos argentinos.

Se necesitan cuatro países padrinos en todo el mundo, pero debemos tener en cuenta que la industria que tiene Francia no debe perjudicar nuestra industria, sino que ellos fabrican lo que nosotros no fabricamos y nosotros fabricamos lo que ellos no fabrican.

Hay que buscar al país que encastre con nuestra industria manufacturera y que tenga un mercado similar en volumen de compra y que el país tenga un fuerte respaldo bancario de manera que las líneas de créditos de sus bancos financien nuestras exportaciones. Se menciona Francia, pero es solo un ejemplo, se debería estudiar muy bien con país se hace el convenio.

Cadena de pagos

Al tener concentrada la importación y parte de la exportación con Francia, los bancos pueden compensar las cajas de pago de importaciones y exportaciones de manera de no movilizar los depósitos en dólares.

No hace falta que el banco Nacional que importa gire el dinero a Francia, el Banco Frances del importador le abona al exportador Frances y después se compensa la balanza de pagos cada seis meses. De esa manera no se gira tanto dinero.

Capítulo XIV

EN QUE RUBROS PUEDEN INVERTIR LAS EMPRESAS EXTRANJERAS

Abordaremos porque en algunos sectores no debe haber interferencia de empresas extranjeras y en otros sí. Como debemos redirigir las inversiones locales en pos de sostener una soberanía de nuestra industria nacional.

Lo primero que tenemos que observar, es por dónde entra la entrada del país. Como se forma el producto bruto interno y que sectores industriales, agropecuarios o comerciales, son relevantes en la recaudación.

Si el sector es vital para la recaudación y es más del 30% de la torta del producto bruto interno. Ese sector debe estar custodiado por inversiones nacionales y no debe haber aporte de capitales extranjeros en la producción y comercialización de esos productos.

Si la entrada de nuestras exportaciones depende del sector agrario, porque es la fuente más importante de nuestros recursos productivos, tenemos que plantearnos que los extranjeros no pueden ser dueños de campos muy extensos y que dicha cantidad de empresas o personas extranjeras deben ser un conjunto reducido de productores.

Si la tecnología que utilizo es extranjera, tanto como la semilla o la maquinaria o productos vitales para la producción agropecuaria. Las inversiones extranjeras deben ser reducidas en estos puntos. La pregunta es: ¿Por qué? porque está en juego la soberanía productiva y comercial del país. Cuando el país debe tener cintura para tomar medidas de alto rango para el bien nacional, debe estar libre de intereses que no estén encuadrados dentro de los parámetros locales.

Esto también se aplica al transporte de las mercaderías que son parte vital de la economía soberana. Debo tener la certeza de que puedo producir, manufacturar y transportar los productos que son de áreas vitales para la economía del país. Estas áreas me las delimita, la recaudación de los impuestos que me van a direccionar al o a las áreas que producen mayor recaudación. Ahora, si tenemos una empresa que quiere venir a producir o vender ropa y esa área de producción no es importante en la recaudación, no hay problema, puede venir e invertir lo que quiera. Pero debo ser claro de antemano, al mundo y decirle que, en estas tierras, las condiciones son las siguientes. Lo siguiente es que se puede invertir en áreas que no son vitales para la recaudación del país y se debe concientizar al pueblo que debe invertir en las áreas vitales porque es parte de nuestra soberanía.

Por otra parte, nos podemos encontrar con servicios que son básicos como el combustible, luz, gas, producción de materiales básicos para la industria. Estos sectores también son importantes para el desarrollo del país y deben ser capitales nacionales los que deben sostener la inversión en dichas áreas.

El tema es complejo porque no todos los capitales nacionales pueden cubrir todas las áreas de soberanía productiva, pero si debemos tener un desarrollo nacional.

Ejemplo: en el área de combustibles hay empresas internacionales, pero también hay empresas nacionales. Como mínimo debemos tener que en las áreas sensibles de recaudación debe haber una presencia nacional que tiene mover más del 51% del giro comercial de ese mercado.

Capítulo XV

COMBUSTIBLES CREAR DOS VERTIENTES

Es de vital importancia que el campo tenga asegurada la provisión de combustible, que la misma surja de su propio establecimiento, sin necesidad de que se utilice el combustible provisto por las compañías petroleras.

El combustible extraído de su propio establecimiento se debe usar para consumo particular y no es comerciable al público en general. A lo sumo se puede compartir con otro establecimiento rural.

De esta manera se debe tener independencia de las compañías petroleras donde la suba de combustible no va a afectar a los centros de producción más importantes que tiene el país.

El control, calidad y mantenimiento de las maquinas que producen combustible desde los cultivos, se debe hacer bajo supervisión de la petrolera, por una cuestión ambiental, de manera de no generar residuos tóxicos y minimizar el pacto ambiental.

El uso de dicho combustible tiene que ser particular, o semi particular, porque no es de buen trigo hacer combustible con alimento, en un planeta donde se sufre el hambre. Pero lamentablemente, por los tiempos que vamos y los problemas futuros, es de vital importancia que la producción de combustible no sea un centro de riesgo. Un centro de riesgo es una planta petroquímica que produce combustible a granel, la cual, en un caso de ser destruida, nos quedaríamos sin combustible y eso sería un gran problema desde el punto de vista militar. Es de vital importancia desde el punto de vista militar y comercial que haya miles y miles de centros pequeños que produzcan combustibles y que tengan una capacidad operativa como para reemplazar el 40% de la producción del país, si fuera necesario. Aparte que también nos ubica en un posicionamiento estratégico comercial que nos permitiría tener un costo menor del combustible si hubiera una crisis internacional del petróleo.

Por otra parte, se debe llevar a cabo investigaciones para desarrollar una adecuada descontaminación de los gases que se excretan al ambiente. Para ello se debe desarrollar un sistema de entubamiento de los gases en un tanque que por medio de un compresor comprima los gases que las maquinarias, (autos, cosechadoras, ferrocarriles, plantas industriales, etc) efectúen de manera de poder reciclarlos. A modo de ejemplo una estación de servicio deberá tener dos tanques, uno que tiene combustible y otro que almacena los gases. Y la petrolera deberás tener camiones cisterna de doble acción. Transportan combustible y después cargan los gases de la estación de servicio para llevarlos a una planta recicladora.

Las fábricas tendrán que estar en parques industriales, donde habrá una planta de residuos que entubará todos los desechos químicos, tóxicos de contaminación ambiental. Todos absolutamente todos los desechos de las chimeneas de las fábricas tienen que excretar sus gases a la planta de tratamiento del parque industrial.

Otra opción es crear una máquina que trabaje a implosión y no genere desechos tóxicos.

Capítulo XVI

GRANEL CONTRA MANUFACTURADO

El ABC del autoservicio, productos A, son caros, producto B, son baratos, productos C, son intermedios.

Los changuitos tienen tres canastos, con tres balanzas individuales y un visor que nos informa, el peso de la mercadería de los productos ABC y el precio del valor de las mercaderías que se encuadran en A, B y C. El precio que marca el carrito en el visor que engloba las tres balanzas, va a variar de acuerdo con la mercadería que tenga cargada.

El precio de los productos A es caro, pero si compramos los productos B, el precio de A baja y se nivela el promedio. El precio de los productos C, son una mix entre los productos A y B –

Que tiene de bueno este sistema, es que los productos se venden a granel, el arroz, los fideos, los porotos y un montón de artículos alimenticios que se necesiten para el consumo. Pero a granel, es en donde el proceso de industrialización no entra y se logra un menor costo para el consumidor. No hace falta tener un cajero que pase producto por producto, solo revisará que la carga del chango este compensada.

Ejemplo: El precio del producto A, es un valor muy alto, si solamente lleva ese producto a granel, ahora si carga el chango con el producto B que tiene otro precio, se le va a compensar el peso del producto A y le va a bajar en precio, hasta un cierto limite. Para obtener el precio estable que promociona el supermercado, debe tener compensada las cargas. En el producto A, un kilo va a ser compensado con tres kilos del producto B, la proporción es de 1 a 3 – Para hacerlo más gráfico, para llevar un kilo de carne y que el cliente lo pague al precio sugerido por el comercio, tiene que llevar tres kilos de arroz, que es un producto clase B. En el caso de productos C, el valor es intermedio y no desbalancea el precio del chango. En todo momento el chango le va a marcar al cliente cuanto tiene que pagar, porque es un chango con computadora que le calcula, el peso y la proporción. Además, le va a marcar en que canasta le hace falta cargar mercadería para poder llegar al precio que el supermercado cobra por cada kilo de mercadería.

La compra a granel baja el precio de la mercadería, para los clientes y posibilita bajar los costos administrativos, operativos que tiene la empresa proveedora de los alimentos. En el caso de los productos líquidos, como el aceite, se toma, el contenido y se le descuenta del peso del producto, el peso del plástico contenedor, lo mismo con las bebidas gaseosas o de otro tipo. Este tipo de proyecto cambia la fisonomía del supermercado, Es muy posible que el supermercado tenga una fábrica de pastas y panadería que provea la mercadería fresca del día. Esto desplazaría a varios productos manufacturados, dado que el costo a granel va a ser más barato y sano en relación precio, calidad y rapidez de compra. Si quien lleva adelante este proyecto es un propietario de un establecimiento agrario y ganadero, podrá colocar sus productos en forma más segura y con mejor margen de ganancia, con precios competitivos. Ya existe un sistema parecido, que es la comida por peso, esto no es nuevo, pero nunca un supermercado a granel. Lo más importante acá es la clasificación de la mercadería y la compensación dos por uno o tres por uno, de manera de que el chango quede con un peso compensado para que el cliente obtenga un peso parejo y acceda al precio que el comerciante le brinda.

También tenemos que ver que el establecimiento que provee alimentos al supermercado debe tener unas pequeñas máquinas: Para procesar la leche y la convierta en leche en polvo, directamente desde el tambo. Para hacer harina directamente desde el campo. Para hacer aceite desde el establecimiento agropecuario. Procesar productos de granos a granel, faenar y vender piezas enteras de carne/pollo/cerdo y todo tipo de achuras, directamente desde el campo. Un punto para tener en cuenta es que es muy posible que un establecimiento agropecuario no consiga tener maquinarias acordes a una producción pequeña, dado que las maquinarias que se utilizan para este tipo de producción son a gran escala.

Este sistema tiene la ventaja que se vende a granel y no lleva casi procesos de industrialización y manufacturación.
Al tener un solo precio, por todo concepto, puede que sirva o no para ser usada la mercadería en un bono de inversión. Se engloba toda la producción del campo con un solo precio promedio por kilo o tonelada de mercadería.

El hecho de que englobe la producción de un establecimiento en un solo precio nos da pie para llegar a trabajar los productos en alguna herramienta económico-financiera, siempre y cuando este estilo de comercialización sea a nivel popular, puede que cotice en la bolsa.

Fin.

Autor: Sergio Eduardo Brook